CB140729

João Ultimonascido

João Ultimonascido

EDITORA
Rosacruz

Copyright © 2004 – Editora Rosacruz
Título original:
JOHAN LAATSTGEBOREN

Tradução da edição francesa
JOHAN DERNIERNÉ
1ª edição brasileira

2004
IMPRESSO NO BRASIL

LECTORIUM ROSICRUCIANUM
ESCOLA INTERNACIONAL DA ROSACRUZ ÁUREA

Sede Internacional
www.rozenkruis.nl
info@rozenkruis.nl

No Brasil
www.rosacruzaurea.org.br
info@rosacruzaurea.org.br

Dados Internacionais de Catalogação na Publicação (CIP)
(Câmara Brasileira do Livro, SP, Brasil)

João Ultimonascido
Equipe do Lectorium Rosicrucianum
Ilustração e tradução da equipe – Jarinu, SP:
Rosacruz, 2004 – 64p.; 19,5cm

ISBN: 85-88950-16-2

1. Espiritualidade 2. Literatura infanto-juvenil
3. Rosacrucianismo 4. Rosacrucianismo na
literatura
I. Lectorium Rosicrucianum.

04-6768 CDD-028.5

Índices para catálogo sistemático:
1. Literatura juvenil 028.5

Todos os direitos desta edição reservados à
Editora Rosacruz
Caixa Postal 39 – 13 240 000 – Jarinu – SP – Brasil
Tel (11) 4016-4234; fax 4016-3405
www.editorarosacruz.com.br
info@editorarosacruz.com.br

Índice

Prefácio

A história de João Ultimonascido, que apresentamos aqui, surgiu na Páscoa de 1989, por ocasião de uma Conferência da Mocidade realizada em Noverosa, Centro de Conferências Internacional da Mocidade do Lectorium Rosicrucianum. Cheio de entusiasmo, um pequeno grupo de jovens entre 12 e 15 anos participou intensamente – como experiência verdadeira – da mudança radical provocada na vida do herói da nossa história por uma herança que lhe foi transmitida.

Sustentada pela atmosfera tão particular de Noverosa, numa constante orientação para a Meta Única, a história contada no decorrer de uma Conferência da Mocidade toma impulso e leva os corações para um domínio no qual o Outro está presente e pode ser percebido como Verdade, como evidência, e sem nenhum constrangimento. Vibra, então, na atmosfera, uma leveza que se comunica a todos e que transforma esses dias inesquecíveis para cada um dos participantes num irresistível impulso para a Vida libertadora.

João Ultimonascido é um nome, um símbolo, uma imagem. Sua história também foi contada nas Conferências da Mocidade na Polônia, na Alemanha, no Brasil e na França. Mas ela pode tornar-se nossa história, a história de todos aqueles que estão preparados para renovar suas vidas totalmente e erigi-las segundo as estruturas de linhas de força da Única Luz.

Possa esta edição contribuir para isso da maneira correta.

Trabalho da Mocidade
Lectorium Rosicrucianum

João Ultimonascido

I

Uma curiosa herança

Na manhã de seu vigésimo oitavo aniversário, João recebe, além de uma longa série de cartões de felicitação, um envelope que tem toda a aparência de conter uma carta oficial.

— É estranho, pensa João. Será que o Dr. Martim também me envia suas felicitações?

Mas não! A carta nada tem a ver com o aniversário de João.

Eis o seu conteúdo:

Senhor,

Com a presente informamos que V. Sa. é o último herdeiro vivo do falecido senhor Semdescanso – membro de sua família que lhe é provavelmente desconhecido.

Junto a esta encontra-se uma cópia de seu testamento.
Visando o bom encaminhamento deste assunto, pedimos que venha procurar o abaixo assinado o mais breve possível.
No aguardo de uma rápida resposta de sua parte, queira aceitar nossas cordiais saudações.

Dr. Martim
Tabelião

A carta termina com uma bela rubrica e vem acompanhada de uma cópia do testamento. Intrigado, João começa a ler:

Últimos desejos de A. Semdescanso.

Eu, abaixo assinado, declaro, pela presente, que sete anos após meu falecimento a totalidade dos meus bens deve passar às mãos do Sr. João Ultimonascido. Esse patrimônio consiste em uma pequena propriedade na qual há uma velha casa de campo. Meu herdeiro tem toda liberdade de fazer o que quiser com essa casa e com o que ela contém – com a única condição de não a vender e de conservar intactos os arquivos de seus sucessivos ocupantes. Na medida do possível, meu

herdeiro deve completar esses arquivos com sua contribuição pessoal.
Faz também parte dessa herança a sentença que pertence a essa morada, e que foi, desde a origem, transmitida de proprietário a proprietário:

> *Transforma esta casa segundo o plano original.*
> *Renova cada cômodo, um a um.*
> *Aquele que edifica como um mestre construtor encontrará a pedra filosofal!*

Quanto a mim, procurei, durante toda a minha vida, o significado dessa sentença, mas não consegui resolver o enigma. Por esse motivo, por meio deste testamento, desejo a João Ultimonascido, meu herdeiro, que lhe seja dado descobrir o sentido profundo dessas palavras e realizar a missão.

Assinado: A. Semdescanso

Lentamente, o documento cai sobre os joelhos de João. Comovido, ele suspira profundamente e deixa ressoar dentro de si o eco de uma tão surpreendente notícia... Uma propriedade como herança!... Ele sente crescer no seu íntimo uma transbordante alegria, mesclada com uma ponta de orgulho... Uma missão muito especial, transmitida de morador a morador, desde a origem da propriedade... Com a promessa de que lhe seria até mesmo possível descobrir a pedra filosofal...!

Sem mais demora, João corre para o telefone a fim de marcar um encontro com o tabelião.

Alguns dias mais tarde, João vai conhecer o solar, sua nova propriedade, e nele empreende sua primeira vistoria.

— Esta casa tem, realmente, um jeito estranho!, pensa ele.

Ele passeia ao longo da cerca viva verdejante, podada na altura de um homem e, surpreso, contempla telhados, cumeeiras e pequenas torres; nenhum elemento semelhante a outro! É evidente que as diversas partes da casa foram construídas em épocas e estilos diferentes, como se cada um dos habitantes precedentes tivesse nela deixado sua marca.

— Certamente levará algum tempo até que eu me localize lá dentro!, pensa João!

Ele está muito contente, caminhando pela propriedade, examinando tudo cuidadosamente. Sim! Essa é "sua" casa. Tomar consciência disso deixa-o feliz.

Até onde João pode enxergar, a cerca viva, toda florida, acompanha o limite da propriedade, formando um grande círculo. As flores dos arbustos têm cores vivas: vermelho, azul, amarelo, rosa e laranja. Bem no centro do terreno, exatamente atrás da casa, ele descobre uma fonte. Agora que João tem uma visão suficiente do conjunto, ele retorna a passos rápidos para a frente da casa, abre a porta de entrada e, pela primeira vez, transpõe o limiar dessa morada, na qual muitas coisas irão acontecer.

2

Os arquivos do solar

Ao visitar sua nova morada pela primeira vez, João nem de longe explora todos os cômodos.

— Por que me apressar? Tenho todo o tempo, pensa ele. O mais urgente é encontrar os arquivos! O que me interessa é aprender mais sobre a sentença e a missão.

Após procurar insistentemente, ele acaba descobrindo, no fundo do porão, a preciosa caixa que contém a história da propriedade e de sua morada. Tudo está metodicamente classificado de baixo para cima, segundo uma ordem cronológica: bem no fundo, os documentos mais antigos, com seus textos manuscritos em velhos pergaminhos amarelecidos. Depois, os documentos mais recentes, empilhados uns sobre os outros. No alto da pilha, o relatório da atividade de A. Semdescanso, escrito à máquina, num papel de uma brancura resplandecente.

Animado por viva curiosidade, João folheia as páginas e lê algumas passagens:

Agosto de 1918.

Eu novamente iniciei transformações. O aspecto exterior do frontão situado a leste está longe de ser perfeito. Estou certo de que o telhado deve ser levantado e a clarabóia aumentada pelo menos duas vezes. Infelizmente, é preciso começar a demolir uma parte do telhado e o segundo andar da casa antes de poder iniciar a nova construção. Será preciso, em seguida, reformar o resto da fachada leste no mesmo estilo. Isso significa um trabalho árduo, mas penso que após essas transformações magistrais a casa ficará mais harmoniosa, sintonizada com o sol, a lua e as estrelas.

E algumas páginas mais adiante:

Janeiro de 1924.

Provavelmente as transformações do interior e a reforma do sistema hidráulico estarão terminadas no fim do inverno. No decorrer da primavera poderei, então, proceder à remodelagem total do jardim e transplantar um certo número de arbustos de modo que as cores se harmonizem melhor. No verão, mandarei repintar a fachada. No outono, ou no mais tardar no início do inverno, poderei, enfim, habitar A CASA IDEAL!

Então, João começa a ler o relatório do penúltimo proprietário:

Duodécima semana do Ano da Graça de 1892.

Pensando bem, cheguei à conclusão de que ainda falta um pequeno detalhe. Naturalmente, um olhar superficial não o notaria. Mas, para meus olhos, é como um espinho cruel que não me dá nenhum sossego.
Eis, pois, do que se trata: eu decidi executar – e isso antes do fim do ano – uma modificação referente às portas e às venezianas. As dobradiças não estarão mais à esquerda, porém à direita, para que, com a mão direita, eu possa abri-las e fechá-las mais comodamente. Todo esse trabalho – aqui incluindo também as pinturas do exterior – deverá estar terminado no fim do próximo ano.

João continua a folhear o arquivo até encontrar o relatório referente ao fim do ano seguinte:

Qüinquagésima segunda semana do Ano da Graça de 1893.

Nesse meio tempo, todas as portas foram tiradas de suas dobradiças e o sentido da abertura da porta principal foi invertido. Essa modificação foi mais trabalhosa do que eu havia imaginado! Então, com o novo ano aproximando-se a passos largos, eis o que me proponho a fazer: abriremos somente uma única porta – a porta principal. Todas as outras portas que dão para o exterior serão condenadas. Quanto às portas interiores, é inútil recolocá-las. Guardá-las-emos na estrebaria. Dessa maneira, será bem mais fácil atravessar toda a casa.

Admirado, João recoloca a pilha de documentos em seu lugar.

— Agora, ele diz a si mesmo, eu compreendo de onde vem o aspecto esquisito desta casa: é devido ao zelo intempestivo de todos os habitantes que a ocuparam sucessivamente. Todos eles quiseram inspirar-se no plano original para transformar esta morada. Mas até hoje – e isto está muito claro – nenhum deles conseguiu trabalhar como verdadeiro mestre construtor.

3

Algumas observações relativas aos arquivos do solar

João não pode negar que a sentença também o fascina. Ele só tem um pensamento: entregar-se ao trabalho para, por sua vez, empreender as transformações necessárias.

Então, por que continuar a mergulhar nos arquivos? Por que perder tempo com o passado?

— Rápido, ao trabalho!, exclama ele.

E, arregaçando as mangas, espera ser mais bem sucedido do que seus antecessores.

Nota do narrador:

Caro leitor, é isso que vai acontecer e é por essa razão que escrevi esta história. Essa missão, João vai conduzi-la a bom termo.

Eu fiz uma descoberta extraordinária na minha vida; compreendi a razão da minha existência nesta terra; reconheci a sua nobre finalidade. Além do mais, pude percorrer um caminho de desenvolvimento segundo a intenção real e oculta por detrás desta existência: a reconstrução da minha verdadeira morada com base no plano original.

Nesse caminho, quantas vezes já tropecei! Mas, cumprir essa missão permitiu-me viver experiências intensas, muito particulares, tão importantes para mim, que outra coisa não posso fazer, a não ser contá-las para você. Mas, como fazer para evocar aquilo que nenhuma palavra pode descrever? Como traduzir uma realidade que dificilmente será compreendida por aqueles que ainda não a experimentaram?

Então, ocorreu-me a idéia de fazê-lo sob a forma de uma história, assim como muitos outros que se serviram de uma fábula, de um símbolo, de uma analogia, para transmitir uma verdade universal.

Até aqui, você leu apenas uma pequena parte da história. Nesta primeira parte, tentei dar-lhe a idéia de um microcosmo, de um "micro-cosmo", de um universo "tamanho reduzido" que envolve cada um de nós como uma casa.

A intervalos mais ou menos regulares, esse microcosmo acolhe um novo ocupante, uma nova personalidade, assim como somos, você e eu. Esses ocupantes sucessivos, sejam quais forem, recebem todos a mesma missão, uma missão tão velha quanto o mundo, missão misteriosa, apaixonante: transformar, restaurar em sua antiga glória, o microcosmo que, desde tempos imemoriais, de nós espera a sua libertação.

Antes de nós, existiram tantos ocupantes na casa do microcosmo! Foram numerosos aqueles que procuraram o sentido e a razão de sua existência... Numerosos aqueles que encontraram a realização de suas vidas tentando transformar sua morada... Mas, infelizmente, não segundo o plano original, como deveria ser. Os vestígios de todos esses esforços, a essência das experiências de vida de cada um dos ocupantes, ficaram gravados no microcosmo, como em verdadeiros arquivos. E cada novo ocupante recebe a possibilidade de continuar a construção sobre essa base, lá onde o último ocupante parou. Para mim, ficou claro: o importante não é nos prendermos nas tentativas daqueles que nos precederam, ou nos perdermos em especulações quanto ao que poderia ou deveria acontecer com esse trabalho. Não! O que conta é ter os dois pés fincados no chão e os olhos fixos na grande Meta, hoje, no presente! Que alegria quando uma personalidade pode, enfim, reencontrar a ligação com o microcosmo – uma personalidade capaz de realizar o plano original.

Talvez você esteja surpreso por eu ter interrompido dessa maneira a história de João para explicar-lhe o porquê de tê-la escrito. Habitualmente isso não se faz; isso tira todo o interesse pela história! Mas, compreenda bem, meu objetivo não é escrever uma história interessante ou espetacular, que você ache genial, e então me pergunte:

— Você ainda tem outras histórias que também sejam legais?

Não! Esta narrativa é destinada a quem se faz, realmente, a pergunta: qual é a finalidade de minha vida?

Veja, é para tornar essa finalidade tão clara quanto possível que, às vezes, eu interrompo esta narrativa para dar explicações, se isso me parece necessário.

Eu vou lhe falar um pouco mais sobre a casa que João acaba de herdar.

Por que eu a descrevi como uma casa com três andares e um porão? É que eu gostaria de comparar essa casa a um homem.

No térreo encontra-se a sala de "estar". No homem, essa sala na qual ele vive é o ventre, lá onde reside o eu dialético, o centro a partir do qual o homem vive e age.

No primeiro andar, os quartos, a parte mais íntima da casa. É o coração do homem, a partir do qual a vida de sentimentos se desenvolve.

Em cima está o sótão, atravancado com um monte de livros empoeirados e de malas velhas. Você já compreendeu: é a cabeça, na qual estão armazenados todo o nosso saber e todos os nossos conhecimentos.

Finalmente, existe ainda o porão – nosso inconsciente – onde estão acumuladas todas as reservas, todas as forças que nos fazem agir e das quais vivemos. Lá também estão os arquivos que relatam as experiências de todos os habitantes precedentes.

Haveria ainda muita coisa para dizer sobre essa morada: a chaminé, as portas e janelas, o sistema hidráulico, o jardim e a sebe que o cerca – sem esquecer, na torrezinha acima do sótão, o telescópio que nos permite ver outros domínios. Certamente não podemos deixar de mencionar, no primeiro andar, a porta trancada há muito tempo... essa porta que, dentre os ocupantes sucessivos da casa, tão poucos souberam descobrir.

Se você está de acordo, caro leitor, retomaremos agora a história de João Ultimonascido.

4

João põe-se a trabalhar!

No momento em que João toma posse de sua herança, o que está na moda é dar o estilo mais moderno ao melhor lado da casa, aquele voltado para a rua, que todo mundo vê: a fachada, é claro! Se sua casa não corresponde às regras atuais da arquitetura, você está por fora! Certamente, a casa de João é uma bela casa, mas não se pode dizer que seja a mais bela.

— É preciso que isso mude!, decide ele. Eu quero poder me orgulhar de possuir a mais bela de todas as casas do país. É preciso que todo mundo me admire!

E prontamente começa a trabalhar. Ele não é o único; muitos de seus vizinhos têm o mesmo ideal. Torna-se uma verdadeira competição ver quem trabalha mais duramente de manhã até a noite, sem parar. E durante a noite traçam-se os planos para as obras do dia seguinte.

Quanto ao interior da casa, eles o negligenciam completamente: ninguém tem tempo de se ocupar com isso. Mas, no fundo, isso não tem mesmo muita importância! Porque o que conta – não é mesmo? – é o exterior, que é preciso adaptar às novas exigências. Dos alicerces ou da alvenaria, nem se fala mais! Imagine!... Antes de terminar um tal trabalho – um trabalho de fôlego! – o estilo já estará fora de moda há muito tempo!

Não! Se desejarmos estar em dia com a moda, o material ideal é o gesso! Com gesso pode-se instantaneamente – e com muita facilidade – realizar arquiteturas de sonho! E, visto de longe, quem poderá imaginar que essas altas torres, essas maravilhosas ameias douradas não são senão aparatos feitos de gesso? De longe, ninguém pode ver que, por trás dessa aparência enganadora, a casa nada mais é do que uma ruína. Não, ninguém... Até que caia a primeira chuva e as primeiras rajadas de vento soprem, desmanchem e carreguem tudo num piscar de olhos: graciosos beirais, torrezinhas e cornijas!

De uma experiência tão cruel, João tirou sua lição. Passado o inverno, quando diante dele os outros se afadigam, como antes, em seu trabalho inútil, ele diz resolutamente:

— Não, eu não continuo mais. Estou curado! Como pude ser tão louco? Como pude esquecer?... E pela primeira vez, depois de longo tempo, ele se lembra: a herança... o testamento... a sentença...

Transforma esta casa segundo o plano original.
Renova cada cômodo, um a um.
Aquele que edifica como um mestre construtor
encontrará a pedra filosofal!

Sempre pronunciando à meia voz os versos da sentença, João sobe ao primeiro andar de sua casa e se vê, de repente, diante de uma porta que jamais havia notado!

Surpreso, procura abri-la. Trabalho inútil! A porta continua firmemente fechada.

— Sem dúvida, há uma eternidade que ela não é aberta, diz João. Está emperrada!

Rápido, ele corre à procura das ferramentas e volta depressa com um grande pé-de-cabra.

—Para onde foi essa porta? Onde ela está? Vejamos! Eu a descobri caminhando ao longo deste corredor, depois virando à esquerda... ou à direita? Ah! Ei-la!.... Não: esta aqui é a porta do meu quarto!

Apesar de todas as tentativas, João não consegue mais encontrar a porta misteriosa. Procura, ainda, durante alguns dias, intrigado, um pouco preocupado com a idéia de que ainda pudesse existir em sua casa um elemento desconhecido. Acaba se cansando e persuadindo-se de que, simplesmente, essa devia ser a porta de seu quarto, que naquele dia estava dura de abrir.

...E o incidente logo é esquecido.

Nesse espaço de tempo, alguns vizinhos reuniram-se para tentar deixar suas casas protegidas de tudo. Eles têm seus planos: construir muros tão grossos e tão sólidos que nada possa atacá-los ou destruí-los.

Freqüentemente, propõem a João que se junte a eles e vêm bater à sua porta para convencê-lo a imitá-los, mas ele não tem vontade alguma de transformar sua casa numa fortaleza.

No princípio, ele ainda nem sabia por que isso o repugnava tanto. Ele toma consciência disso uma noite, ao ler nos arquivos o relatório que, em seu leito de morte, um dos ocupantes precedentes escreveu:

Durante toda a minha vida eu trabalhei para fortificar esta casa a fim de assegurar sua perpetuidade.

Esperei, assim, que a doença aqui não penetrasse e que eu pudesse nela viver eternamente. Com essa finalidade, construí muralhas de seis metros de espessura. As portas e as janelas eram, evidentemente, pontos fracos. E eu também as murei. Nada mais poderia penetrar, e nem eu poderia sair, mas isso não era necessário, pois eu queria morar nela para sempre. Para ficar mais seguro de meu projeto, reforcei ainda as paredes do interior, até dispor somente de um espaço vital mínimo. Nesse espaço reduzido, vivi um certo tempo. Mas isso não impede que eu esteja, neste momento, morrendo. Todos os meus esforços foram, portanto, em vão!

João passa ao relatório do ocupante seguinte. Ele desconfiava disso: o sucessor do homem-fortaleza teve de consagrar toda a sua vida, sem poder fazer outra coisa, a demolir as grossas muralhas construídas por aquele que emparedou a si mesmo. Nessa leitura, João compreende por que ele não agiu como seus vizinhos: tal fato já ocorrera antes em sua casa e fora relatado nos arquivos! Ele corre à casa de seus vizinhos: é preciso avisá-los! Ele quer fazê-los compreender o quanto sua empreitada é insensata! E todo o tempo perdido que isso representa!

Em vão! Ele não consegue fazer-se compreender e volta para casa entristecido.

— Sem dúvida, é preciso que eles passem por isso! É preciso que eles mesmos façam a experiência...

Então, João toma a resolução de não mais se deixar distrair. Uma só coisa lhe interessa agora: descobrir o plano original mencionado na sentença.

Ele só tem uma idéia na cabeça: reunir todos os livros, todos os documentos capazes de ajudá-lo a reencontrar a pista do plano.

Ele passa suas noites lendo. Devora volumes inteiros. Fica como um louco! Perde seus cabelos, e sua cabeça começa a ficar como um balão bem cheio.

Durante o dia, João não passeia mais em seu jardim.

Ele percorre as livrarias. Remexe nos sebos. Inscreve-se em todas as bibliotecas municipais, regionais, nacionais e internacionais. Faz assinatura de todas as revistas especializadas. E volta para casa com os braços cheios de livros.

Nesse ritmo, o sótão torna-se, rapidamente, muito pequeno para tantos livros: é preciso aumentá-lo, alargá-lo, erguer o teto e mesmo rebaixar o assoalho. E os trabalhos para aumentar o sótão se sucedem, jamais sendo suficientes para que nele possam ser acomodadas as montanhas de livros que não cessam de crescer. Na mesma proporção, isso reduz o primeiro andar, o qual, aliás, já não tem mais muita importância para João!

5

João, escritor!

Na porta, a multidão se comprime; de perto ou de longe, as pessoas vêm para consultar aquele que é chamado de "o mestre construtor". As pessoas vêm buscar conselho e auxílio em sua grande sabedoria e em sua ciência recém adquirida. E enquanto João estuda e os recebe, o sótão transborda com novos livros amontoados. Oh, João! Com que se parece agora sua casa? Com um enorme cogumelo: dois minúsculos andares sobrepostos pelo enorme chapéu do sótão hipertrofiado!

E ainda não acabou: a coleção se enriquece com imponentes volumes dos quais o mestre é, agora, o autor. Mas, num dado momento, é demais!... O sótão sobrecarregado desaba, arrastando João em meio aos escombros, numa nuvem de poeira.

Quando volta a si, após ter recuperado os sentidos, João procura sua casa... e não vê nada mais que uma ruína. E seu jardim? Abandonado, cheio de mato, repleto de espinhos...

— O que fiz de minha herança? diz ele a si mesmo. NADA! Eu não valho mais do que aqueles que me precederam. Todos os meus esforços foram em vão.

Ele baixa a cabeça. Ele baixa os braços. Ele se sente totalmente indigno, e arrasta-se para fora dos escombros de seu sótão.

E seus olhos abatidos vêem, então, dentro da fonte atrás de sua casa, a chave de ouro.

E agora, podemos ler, nos arquivos do solar, a respeito da nova vida que João começa a partir de hoje:

Após essa queda monumental, assim que, com horror, tomei consciência da catástrofe, acreditei que iria enlouquecer. Lá estava eu, prisioneiro dos escombros de meu sótão! Eu estava cheio de hematomas, e meu amor próprio também! Não tinha mais confiança em mim mesmo. Não confiava mais em coisa alguma.

Eu era presa da dúvida: que bela herança! Uma casa carcomida, toda remendada, consertada grosseiramente, cuja pintura se desfaz e na qual dezenas de pessoas já habitaram. Nenhum estilo, nenhuma unidade, nenhuma harmonia entre as diferentes partes. Em suma: o resultado de caprichos absurdos acumulados por gerações e gerações! Bela herança, na verdade! Por que isso tinha de cair sobre mim? Por que tinha de ser eu o herdeiro disso, e não um outro?

Com grande custo consegui me desembaraçar e pus-me de pé. Com o coração cheio de amargura, sacudi a espessa poeira que cobria minhas roupas. Subitamente, algo me atingiu como um raio:

— Puxa! Nessa cacofonia você também tocou alegremente sua nota! Você também cantou sua estrofe e ainda acrescentou mais... até que o edifício desabasse! Então? Você ainda se crê melhor do que os outros?...

Caíram as vendas dos meus olhos.

Envergonhado, retornei à minha casa. Ao lado da fonte, meu espírito abatido encontrou novamente um pouco de clareza. O alegre borbulhar da água ressoava como pequenos sinos claros que, vindos de uma outra dimensão, tilintavam em meu coração! Os raios do sol espelhavam-se sobre a água e fragmentavam-se em mil facetas coloridas. As cores do arco-íris aí se refletiam, resplandecentes. Delicadamente, com a palma de minha mão, tirei um pouco de água da fonte para lavar meu rosto. E esse gesto simples me deu coragem para olhar as coisas de frente. Lavei também meus olhos cheios de pó. E vi, no mesmo instante, no fundo da água, uma chave. Uma chave na fonte!... Até então, eu ainda não a percebera... Com a respiração suspensa, retirei-a da água: ela era pesada, mas suave ao toque.

E, enquanto a contemplava, uma outra imagem se impôs à minha mente: a imagem de uma estranha porta fechada, descoberta, um dia, no primeiro andar de minha casa; naquela época foi-me impossível abri-la e nunca mais pude encontrá-la. Eu a havia esquecido há muito tempo! No entanto, desde o momento em que tive essa chave em minhas mãos, soube com certeza que ela me abriria a porta secreta. Sem mesmo perder tempo de me trocar, precipitei-me em direção à porta de entrada, que, felizmente, não estava obstruída pelos escombros do sótão.

Quase em seguida – inesperada felicidade! – a estranha porta fechada estava lá, diante de mim. Instante crucial: se eu conseguisse abrir essa porta, assim eu pressentia, seria transformado. Mas eu sabia também que seria inevitável: era preciso que a porta fosse aberta... A chave girou suavemente na fechadura. A porta conduzia a uma pequena câmara, perfeitamente iluminada, embora nela não houvesse uma fonte luminosa, nem a mínima abertura. Uma ordem perfeita aí reinava, uma grande limpeza. No meio desse local elevava-se uma coluna de pedra bruta encimada por um disco de mármore branco. Sobre ele, um manuscrito muito antigo, mas intacto, como se o tempo o tivesse poupado. E eu li, como em letras de ouro:

Transforma esta casa segundo o plano original.
Renova cada cômodo, um a um.
Aquele que edifica como um mestre construtor
encontrará a pedra filosofal!

Abri o manuscrito, mudo de respeito. Tinha diante dos olhos uma descrição precisa e completa do plano original desta morada. Para mim, foi uma descoberta da maior importância. Examinei todas as plantas com o maior cuidado; estudei longamente a descrição até os mínimos detalhes... para chegar a conclusão de que me seria impossível participar, eu, João Ultimonascido, da construção de uma tal obra. Isto me pareceu evidente: não é debaixo deste sol que pode ser edificada a morada segundo o plano original. A última página do manuscrito trazia uma advertência:

Se, em tua casa,
servidor te tornas,
as muralhas derrubas
e da terra as fundações afastas,
então, sem que o notem,
poderás preparar tua Nova Morada
e tornar-te um Nascido-duas-vezes.

Imediatamente compreendi a minha tarefa: destruir minha herança, reduzi-la a nada. Somente a esse preço a morada original, invisível aos olhos da carne, poderia ser restaurada em seu antigo esplendor. Deixei a câmara secreta, tomando, então, consciência do estado lamentável de minhas roupas, e me troquei rapidamente.

De repente, ouvi vozes do lado de fora, no jardim, e vi pela janela um grupo de vizinhos que observava as ruínas e balançava a cabeça em sinal de desaprovação. Ao me verem, suspiraram aliviados.

— Ah! Aí está ele! Não está soterrado pelos escombros do sótão! João, você está machucado? Como você se sente? Que queda, hein?!

Ao descer para reunir-me a eles, ouvi a sirene de uma ambulância que se aproximava e vi, ao longe, o furgão vermelho dos bombeiros. Dois enfermeiros carregando uma maca quiseram fazer-me entrar na ambulância para me levar ao hospital e deixar-me em observação.

Tive o maior trabalho do mundo para convencê-los de que eu estava em plena forma, sentindo-me mesmo melhor do que nunca. Eles me olharam com desconfiança, mas, felizmente, pararam de insistir. O meu vizinho mais próximo ocupou-se, então, em oferecer conselhos e encorajamentos:

— Acima de tudo, meu velho, não se preocupe! É o tipo de chateação que pode acontecer com todo mundo. Nós ajudaremos a consertar. Você tem ao menos um bom seguro? Em um ano, quando muito, tudo estará em ordem novamente.

Cansado de toda essa choradeira, consegui, enfim, desembaraçar-me dos importunos. O último, o mais educado e o mais persistente, queria forçosamente obrigar-me a fazer um seguro de vida. Recusei sua oferta, sem, todavia, poder impedi-lo de me passar, furtivamente, seu cartão de visita:

> CLÁUDIO DANGÚSTIA
> Corretor de seguros
> Especialista em seguro de vida
> Rua do Repouso, no. 13

Tratando-se de repouso, eu certamente tinha grande necessidade, pois queria, com toda tranqüilidade, refletir sobre os acontecimentos recentes.

A partir do dia seguinte, arregacei as mangas e pus-me a remover o entulho. O trabalho avançava rapidamente e, na verdade, isso me fez muito bem. Era muito simples: todos os livros que encontrei... eu os queimei. Que alívio!... Até que, de repente, deparei-me com um livro do qual eu era o autor e no qual pus muito de mim mesmo: *O vigamento à luz do número de ouro*. Era um livro que havia sido muito bem vendido, e nas revistas de arquitetura a crítica havia sido excelente. Iria queimá-lo também? Eu o apreciava muito; isso seria desumano! Eu tinha, sem dúvida, interpretado mal a advertência do velho manuscrito. Era impossível que ele exigisse uma coisa dessas!... Talvez eu devesse examiná-lo atentamente uma vez mais... Mas, nesse dia, para minha grande decepção, a porta da câmara secreta não foi encontrada.

Sentei-me no jardim perto da fonte, indeciso. Então, ouvi passos que vinham em minha direção. Um homem aproximou-se e perguntou-me gentilmente se eu tinha ainda um exemplar da obra *O vigamento à luz do número de ouro*.

Após longas e infrutíferas buscas, estando esgotada a última edição, o editor finalmente o havia orientado a procurar-me. Fiquei mudo de espanto. Sem hesitar, ofereci-lhe o último exemplar que me restava. E com isso, o estranho desapareceu tão depressa como havia chegado.

6

A última pedra

Durante o longo período necessário para reestruturar minha casa, fui freqüentemente confrontado com decisões difíceis de serem tomadas. Um exemplo: se eu demolisse o porão sem mais nem menos, correria o risco de ver todo o edifício ruir sobre mim. Quanto ao sótão, ele continha tantos elementos relativos à estrutura da casa que não me pareceu oportuno eliminar tudo com leviandade. Em compensação, certos arranjos indesejáveis pareciam poder ser suprimidos prontamente. Assim, comecei pela demolição das partes que me pareciam supérfluas, de todos os itens extravagantes e das paredes rachadas. Tudo o que não correspondia às normas desapareceu num ritmo acelerado. Finalmente, só restou uma construção nua, despojada: as colunas de sustentação, as fundações e o vigamento.

Quando cheguei a esse ponto, senti-me aliviado. Eu estava satisfeito. Recuando um pouco, olhei minha herança: despojada, ela me pareceu mais bela do que nunca. A linha pura do telhado destacava-se no céu; das paredes emanava uma força intangível; a harmonia das cores radiava perfeição... Teria eu alcançado o estado exposto no manuscrito? Teria me tornado, enfim, um servidor?

O barulho de um motor arrancou-me de minha contemplação: uma possante limusine derrapou no meu gramado. Estremeci pelas minhas roseiras, mas o bólido freou e parou bem a tempo. Dele desceu um homem bem vestido, distinto, terno cinza escuro, chapéu, gravata, maleta. Ele lançou ao redor de si um olhar circunspecto, avistou-me e franziu as sobrancelhas. Voltou-se em direção à casa, examinou-a sob todos os ângulos, meneando a cabeça. Depois, virando-se para mim, lançou-me um olhar glacial e declarou com uma voz pretensamente muito oficial:

— Eu me apresento: Isidoro Alei, alto funcionário, urbanista, delegado da Comissão Municipal de Construções para o bem-estar público. Os habitantes da comunidade à qual pertence esta propriedade chamaram nossa atenção para o fato de que este edifício, do qual o senhor é proprietário, atualmente é objeto de obras, cujo caráter ilícito é irrefutável. Este edifício não está de conformidade com o regulamento em vigor, de acordo com o artigo 378-13 do Código de Urbanismo, não havendo sido encaminhado nem registrado até esta data, junto à Comissão, requerimento de permissão para demolir. As conclusões da investigação em curso são irrevogáveis. Eu venho a mando do Comitê Executivo desse órgão e o intimo, na qualidade de proprietário, a suspender imediatamente todos os trabalhos e a recolocar este edifício no estado em que lhe foi transmitido por seu legatário. Uma carta registrada notificará o senhor posteriormente o valor da multa que penaliza seu delito. Essa multa deverá ser paga, obrigatoriamente, em três dias, sob pena de uma majoração de cinqüenta por cento. Note bem que o senhor pode apelar dessa decisão, endereçando um recurso em três vias para o nosso Serviço de Reclamações.

Então, o alto funcionário precipitou-se para dentro de seu carro e partiu rapidamente, numa nuvem de poeira, não sem antes danificar gramados e canteiros. Eu fiquei desanimado. Isso já era demais! Numerosos herdeiros haviam transformado esta casa ao sabor de suas fantasias sem que jamais um de seus caprichos tivesse encontrado o menor entrave, e justamente a mim foi pedido que suspendesse o único empreendimento verdadeiramente sensato!

Mergulhado em reflexões, ajoelhei-me perto da fonte. A missão registrada no velho manuscrito teria sido bem compreendida por mim? Em pensamento eu revia a pedra de mármore. Sua exortação estava gravada em meu espírito:

Se, em tua casa,
servidor te tornas,
as muralhas derrubas
e da terra as fundações afastas,
então, sem que o notem,
poderás preparar tua Nova Morada
e tornar-te um Nascido-duas-vezes.

Então, compreendi meu erro. Meu trabalho de demolição não havia sido suficientemente radical. Eu ainda quis conservar alguns elementos. Ora, isso não era possível. Minha herança, ou melhor, o que restava dela, lá estava, quebrada, vulnerável, exposta a todos os olhares. Era preciso agora, tão rapidamente quanto possível, ultrapassar essa etapa. Era doloroso, para mim, destruir aquilo a que eu estava ligado por todas as fibras de meu ser. Mas, apenas pensar na pedra de mármore auxiliava-me a não fraquejar.

Ainda que o objetivo me parecesse estar agora bem mais longe do que antes, em meu íntimo eu tinha a certeza de que a única solução, se eu quisesse superar essa fase, seria continuar com a demolição. E essa profunda certeza deu-me força e coragem. O alto funcionário e seu possante veículo ainda fizeram algumas incursões pela encosta que leva ao solar, mas, a cada tentativa, o carro apresentou um defeito. Bem de longe, Isidoro Alei lançava-me alguns insultos, agitando um formulário administrativo, com seus longos braços, mas isso já não me abalava.

Assim que cheguei às fundações, a tarefa tornou-se ainda mais difícil. Lembranças muito antigas, de toda espécie, perturbavam-me e paralisavam minha energia. Mas eu perseverava e, pedra após pedra, transformei a casa em algo de que ainda não tinha consciência. E eu sentia claramente que muitas coisas estavam em vias de se realizar, mesmo que isso não estivesse ainda visível.

Chegou, então, o dia em que atingi o fundo, a pedra fundamental! Sim, consegui alcançar essa pedra! Eu, aquele a quem chamavam João Ultimonascido! Mas há muito tempo eu não era mais o João de antigamente. Com a maior concentração, extirpei essa pedra, a última. E esperei, com as mãos vazias, humilde e confiante.

7

A Nova Morada

Você pode ler, em seguida, o comunicado que, um belo dia, foi publicado no noticiário local:

Nestes últimos tempos, coisas estranhas têm acontecido na propriedade do senhor J. Ultimonascido, que empreendeu, já há um certo número de anos, a restauração completa de seu solar. Na opinião dos habitantes locais, os trabalhos estavam caminhando bem e pareciam prometer muito quanto à estética desse nobre e célebre patrimônio, até que um incidente lamentável, ocorrido durante a ampliação do sótão, bruscamente pôs fim a esses trabalhos. Desde esse dia, além de os trabalhos não terem sido retomados, e apesar dos protestos dos vizinhos e da vigilância reiterada das autoridades locais, o proprietário pôs-se a demolir todo o edifício. Ele vendeu os móveis de família – de um valor inestimável – e as coleções de objetos preciosos acumulados com amor no decorrer de gerações. Trocou-os por objetos de primeira necessidade, contentando-se com o que existia de mais simples, e deu ao oficial Sr. Martim os famosos arquivos do solar. Queimou parcialmente a biblioteca que havia alcançado grande reputação em toda a região, e até mesmo muito além. Depois, com a maior determinação, começou a demolir sistematicamente o edifício todo, até a última pedra, até as fundações mais antigas, que foram postas a nu e desenterradas. À medida que o trabalho progredia, o dono da propriedade esquivava-se cada vez mais dos olhares alarmados da vizinhança, se bem que a última fase desse trabalho pareça ter sido realizada por mão invisível. Não se ouvia mais o menor ruído. Depois, tudo desapareceu. E, desde esse dia, vê-se somente, por detrás da sebe verdejante, um magnífico jardim em flor, no qual reina um perfeito silêncio.

Nada se ouve além do claro borbulhar da fonte no centro do jardim.

Quanto ao senhor João Ultimonascido, ninguém mais o viu. Entretanto, ele continua vivendo na lembrança das pessoas do vilarejo.

E, por vezes, ouve-se pronunciar a velha sentença:

Transforma esta casa segundo o plano original.
Renova cada cômodo, um a um.
Aquele que edifica como um mestre construtor
encontrará a pedra filosofal!

Desde então, o jardim tem sido sempre mantido por alguns habitantes do vilarejo, como se esperassem alguma coisa ou alguém que ainda deve vir. Contudo, o Sr. João foi o último rebento, o último-nascido de uma antiga linhagem, cujos descendentes não haviam encontrado o descanso. O jardim pertence a todos aqueles que o conheceram, como uma lembrança e uma promessa

E assim, com esse artigo surpreendente, termina a história de João Ultimonascido.

Nota do narrador:

Amigo leitor,

Certamente as últimas anotações dos arquivos concernentes a João Ultimonascido não nos parecem muito satisfatórias. Elas parecem mais interromper o fio de sua biografia do que concluí-la. Todavia, não é sem razão. Eu me propus um objetivo: traduzir, tão fiel e claramente quanto possível, o caminho de desenvolvimento interior que eu mesmo percorri. Tomando consciência do sentido e da missão de sua vida, cada um poderá, assim, reconhecer o caminho que se abre à sua frente. Possa esta contribuição ser-lhe um auxílio, um guia e uma sustentação nos momentos difíceis!

Aconteceu tudo o que escrevi: eu o vivenciei! E isso que em mim se passou, desde os primeiros passos ainda hesitantes até o bom fim, tudo isso pode – e será também – vivido por outros.

A partir desse saber interior é que me foi possível terminar a história de João Ultimonascido, pelo último testemunho que ele mesmo registrou nos arquivos, em prol de todos aqueles que dele desejassem tomar conhecimento. Desde o instante em que a mão de João, com perfeita orientação e guiada pela Idéia do plano original, extirpou a última pedra das antigas fundações, desde esse instante, o curso das coisas tomou um novo rumo. João ocultou-se dos olhos da carne e não fez mais parte da história tangível e visível.

Entretanto, tentarei traduzir com palavras o que aconteceu em seguida com João, ainda que seja muito difícil, a partir desse momento, falar de João Ultimonascido, pois trata-se agora de um outro ser, totalmente novo, que, no decorrer de um longo processo, vai nascer e manifestar-se a partir de João.

Desde que a última pedra foi retirada e que João, cheio de confiança, voltou-se para o Totalmente Novo, chegou o grande momento em que a promessa gravada no esboço do plano original iria cumprir-se:

Se, em tua casa,
servidor te tornas,
as muralhas derrubas
e da terra as fundações afastas,
então, sem que o notem,
poderás preparar tua Nova Morada
e tornar-te um Nascido-duas-vezes.

João tinha feito tudo o que podia. De pé, no lugar onde antes sua casa se erguia, ele parecia estar abandonado por tudo e por todos. Seu trabalho parecia ter sido em vão. Entretanto, João sabia, com certeza, que haviam acontecido coisas que não puderam ser alcançadas por sua consciência comum.

No decorrer desse processo, ele freqüentemente sentira a presença de uma realidade que nele tomava força e vida, na medida em que o trabalho progredia. É por isso que, no ponto em que havia chegado, ele não conhecia o desânimo, mas aguardava com o coração ardente o que deveria vir. E quando de novo ele percebeu a fonte luminosa no centro do jardim e o sol refletido na água em incontáveis raios cintilantes, nesse momento, João viu a luz, uma claridade que penetrava, transpassava e continha todas as coisas. Uma luz... infinita. Nada mais! Ele, João, já nem existia. Quanto tempo isso durou? Ninguém sabe. Aqui o tempo já não existe. Mas, o que no início era uma luz ofuscante, na qual João desapareceu totalmente, ganhou, pouco a pouco, formas e contornos. Linhas de força apareceram, um novo mundo revelou-se, uma nova realidade. O plano apareceu, as bases de um novo vir-a-ser, estabelecido na Eternidade. João tomou parte nesse plano como co-herdeiro e co-edificador da manifestação divina. Lá reinava uma alegria incomensurável.

Um Nascido-duas-vezes retornou à casa!

Ele entrou na Nova Morada por uma porta aberta.

Um novo espaço abriu-se diante dele, depois um outro... e mais outro...

Essa Nova Morada a tudo engloba e a tudo abarca, infinitamente vasta, perfeita, inviolável!

LECTORIUM ROSICRUCIANUM
ESCOLA INTERNACIONAL DA ROSACRUZ ÁUREA
www.lectoriumrosicrucianum.org.br
info@lectoriumrosicrucianum.org.br

Livros Publicados pela
Editora Rosacruz

Obras de J. van Rijckenborgh	• O advento do novo homem • A arquignosis egípcia – vol. I, II, III e IV • Christianopolis • Dei Gloria Intacta • Análise esotérica do testamento espiritual da Ordem da Rosacruz: Vol.I: O chamado da Fraternidade da Rosacruz Vol.II: Confessio da Fraternidade da Rosacruz Vol.III: As núpcias alquímicas de Christian Rosenkreuz - t.1 Vol.IV: As núpcias alquímicas de Christian Rosenkreuz - t.2 • Filosofia elementar da Rosacruz moderna • Um novo chamado • O Nuctemeron de Apolônio de Tiana • O remédio universal
Catharose de Petri	• Cartas • A Rosacruz Áurea • O selo da renovação • Sete vozes falam • Transfiguração
Catharose de Petri e J. van Rijckenborgh	• O caminho universal • A Gnosis universal • A grande revolução • O novo sinal • Reveille!
A. Gadal	• No caminho do Santo Graal
Hermes Trismegisto	• Do castigo da alma
Karl von Eckartshausen	• Algumas palavras do mais profundo do ser
Mikhail Naimy	• O livro de Mirdad
Outros Títulos	• O evangelho dos doze santos • Trabalho a serviço da humanidade • O caminho da Rosacruz nos dias atuais
Livros para a Mocidade	• Histórias do roseiral • A luz sobre a montanha de cristal • Os pequenos órfãos • João Ultimonascido
Revista Pentagrama	Uma edição bimestral que se propõe a atrair a atenção dos leitores para o desenvolvimento da humanidade

Editora Rosacruz

Editora Rosacruz
Caixa Postal 39 – 13 240 000 – Jarinu – SP – Brasil
Tel (11) 4016.4234 - fax 4016.3405
www.editorarosacruz.com.br
info@editorarosacruz.com.br

Impresso pela Geográfica
a pedido da Editora Rosacruz em novembro de 2004.